MANUEL ASTUR

EL FRUTO
SIEMPRE VERDE

BARCELONA 2024   ACANTILADO

Publicado por
ACANTILADO
Quaderns Crema, S. A.

Muntaner, 462 - 08006 Barcelona
Tel. 934 144 906
correo@acantilado.es
www.acantilado.es

© 2024 by Manuel Astur
Por mediación de MB Agencia Literaria, S. L.
© de esta edición, 2024 by Quaderns Crema, S. A.

Derechos exclusivos de edición en lengua castellana:
Quaderns Crema, S. A.

En la cubierta, *Diente de león* (*c.* 1755), de Barbara Regina Dietzsch

ISBN: 978-84-19958-33-4
DEPÓSITO LEGAL: B. 19 541-2024

AIGUADEVIDRE *Gráfica*
QUADERNS CREMA *Composición*
ROMANYÀ-VALLS *Impresión y encuadernación*

PRIMERA EDICIÓN *noviembre de 2024*

CONTENIDO

Para mi hermana Loreto (1972-2022),
éstas y todas las canciones del universo.

Duda la última luz
entre los dedos unidos de los chopos
detrás de nosotros la oscuridad
tiembla de frío y nervios
y lenta nos rodea con sus brazos
para hacernos sentir más solos

Cae la última luz
sobre la melena de los tilos
las estrellas en el cielo son anillos
en los dedos de los chopos

ANTONIA POZZI, «Presagio»

CANTAD SIN MIEDO

Cantad sin miedo ahora,
pues nuestra inconsciencia es nuestra mejor arma, antes
de que vuelva el peso de la cultura y la vergüenza.

Pero no lloréis,
en el presente no hay nada triste, la derrota
es el ogro del cuento de la actualidad y el grito
aquí, sin pena,
   sin fama,
   en la gloria pequeña.

Desde este lado del muro del tiempo
te digo hola, te saludo,
con el ego herido,
con la tristeza
de un relámpago que estalla justo
cuando nadie mira.

Y pienso que es culpa
de las opiniones todo lo que ha pasado,
rojo es opinión,
lejano es opinión,
dolor es opinión,

irse es opinión del que se queda.
Y que la muerte recogerá un fruto verde.

DICE MI MADRE QUE

El año que se poda,
el cinamomo
no da flores.
Está segura.

EL LIBRÍN DE RILKE

Puse en tu mano unas monedas,
algunas antiguas, otras nuevas,
pues no sé a cuánto está el óbolo,
y aquella navajita que había sido mía
por si acaso allí te apetecía pelar
ramas de avellano y hacer espadas de palo.
Niño que olvidas el sueño y el miedo
en cuanto te duermes en la cama profunda
bajo la luna que te ama
nada más despertarte en la mañana de verano.

También pensé en ponerte un libro,
tal vez ese de Rilke, diminuto y verde,
que nos pediste que te leyéramos,
pero para qué, pensé, si tienes
para leer todo lo que es,
todo lo que nadie escribió.

TEMOR

Temo que tras el golpe llegue el silencio
que tras el diluvio quede la gota constante
capaz de horadar la roca
el desconsuelo.

Ahora temo el jardín vacío
y el sol naranja, todavía
no ha llegado el verano y
ya lamento el invierno.

TODO EL TIEMPO

Ahora tiene todo el tiempo,
ahora podría amaestrar a las plantas.

Cómo honrarlo ahora
sin ver la semilla,
la rama,
el tronco,
el árbol que somos.

NO SÉ

Arranco una espina del rosal
y la clavo en el tronco del rosal
para que sepa lo que se siente.

LATIDO

El primer latido viene de alguna parte.
De dónde llega ese fuego
que arde que arde que arde por vez primera.

Algo nos contemplaba sin comprender nuestra simplicidad.
Algo se hizo hombre para comprender la muerte.
Algo vino y se fue,
como mis latidos.

LOS BROMISTAS

Mi madre me contó que, cuando era niña,
unos hombres que partían leña
cogieron una gallina blanca que pasaba por allí,
la pusieron sobre un tocón
y de un hachazo le cortaron la cabeza.
Después, dejaron que el cuerpo siguiera andando
hasta que, al cabo de unos metros, cayó muerta.

Todos se reían.

Atardecía. Olía a resina y a tierra húmeda.
Había golondrinas. El cielo
se oxidaba como una manzana pelada.
El repicar de la campana de la pequeña iglesia
caminaba por el valle como una vaca que regresa a la
        cuadra.
La eternidad se lavaba los pies cansados en el arroyo.

Dónde fuisteis, hombres que reíais,
tremendos bromistas.
¿Sois ahora la gallina decapitada?
¿O nacemos sin cabeza
y esos pasos,
esos pasos ciegos son la vida?

LLUEVE SOBRE LA TIERRA

Llueve sobre tierra empapada
y empapa más allá de las raíces del prado
donde creció la hierba hace mil años.

Las montañas sostienen el cielo pesado
el bosque es un pájaro muerto de frío.

¿Quién llueve?
No lo sé
pero querría echarle la culpa de algo.

LA NIÑA

Una niña pequeña berrea, se ahoga en lágrimas
y su madre trata de calmarla,
dice, desesperada: Escúchame, vamos a razonar un rato,
¿no quieres razonar? Hija, ¿no quieres razonar?

No, madre, no, si grita así
es porque no quiere razonar,
sabe que cada vez le queda menos tiempo, ve
esas paredes, métricas, ficciones, ego,
tanto ego y vanidad.

La niña llora porque el secuestro de crecer
ha comenzado.

FE

Cuando era niño, a la hora de dormir,
me tranquilizaba
imaginarme en otra cama,
en otra casa con otra familia,
siendo otro niño con otro nombre,
y estaba seguro de que a pesar de ser otro,
seguiría siendo yo,
y así me dormía.

No recuerdo esa fe.
Pero atesoro esa sensación de poder,
esa serenidad, de quien no es nada
y puede serlo todo.

A ese pequeño claro voy a ver el cielo
cuando, como ahora, tengo miedo.

NUNCA MÁS

Nunca más llegaré a casa al amanecer,
nunca más el salón y la cocina sorprendidos,
como una abuela buena y sordomuda, no miraré
los ojos jóvenes en el espejo del baño, sabiendo que al
    fondo
hay agua fresca y nueva, nunca más
me meteré en la cama estrecha sin más culpa
que todos los pecados que querría cometer
ni otro remordimiento
que lo poco que, pudiendo hacer, dejé para después,
nunca más me dormiré con la luz clara entrando por la
    ventana
de esa celda donde inventé tantos dioses, justo
cuando comience a oír el susurro del nuevo día,
a ti tosiendo en el pasillo, a mamá rozando cosas,
preparando la ceremonia. Creía
consumirme antes de tiempo, pero
sólo quería seguir durmiendo.

QUIÉN

Quién me acusa, ante quién
he de defender que el lago esté en calma, quién
me levantará en brazos cuando
sople de nuevo el viento.

LA CUEVA

El primer homínido que supo que existía
primero dio saltos de felicidad, después
pasó esa primera noche en vela. El primer humano
no pudo dormir y al amanecer pensó
qué
quién
por qué se le había castigado de esa manera.

No encuentro descanso en esta cueva.

EL FRUTO SIEMPRE VERDE
(PRIMERO)

Cuando Tragedia rompe
con sus nudillos ensangrentados
el cristal de la ventana
y deja desnudo a Drama,
estás aquí
siempre verde
porque la fruta madura
es la que cae y muere
y la muerte no sabe agacharse
y recogerá un fruto verde.

ECO

Eres mi eco:
paredes que rezuman
el suelo de tablones centenarios
montañas de papeles que llevaría una vida descifrar
guardados en un armario.

Me dijiste: Saluda al mundo
y yo saludé al mundo
y el mundo me respondió
y no podía ser de otro modo:
el mundo tenía mi voz.

Soy tu eco:
las galaxias vacías del orgasmo
la maleta nueva
él preparando la caída
y aprendiendo a andar.

Reíste y yo reí
frente al desfiladero
que devolvía nuestros saludos
y también se rio él
grité: ¿Quién está ahí?

Ahora lo sé:
allí estaba este que ahora soy
sin ti.

TODAVÍA VIVIR

Mientras estábamos de viaje
unas golondrinas pusieron su nido
en el alero del porche de casa
y han nacido cuatro pajaritos
que no paran de reclamar comida.

Cuando hace buen tiempo
me tumbo a leer poesía
bajo este nido
hasta que me quedo dormido.

Ayer una de las golondrinas vino veloz al nido
y como tantas otras veces
soltó la presa en la boca de una cría
pero en esta ocasión se le escapó
y una mosca grande y negra
cayó sobre las hojas blancas
de mi libro de poemas chinos.

La mosca zumbó sorprendida
se frotó las alas
y enseguida salió volando.
Qué suerte la suya: todavía vivir,
vivir todavía un día.

HABLAN LOS HOMBRES

Hablan los hombres de la última comida,
el último oscurecer rojo,
el último beso, la última vez
que estuvieron bajo las estrellas,
la última vez que alguien les dijo te quiero
y la última imagen que llega al fondo
de la caverna de los ojos,
y susurros, luces que giran, siempre ese olor
a cera e incienso, un mar amarillo y tierno.
Hablamos sobre los regalos que terminan,
pero pocas veces se tiene en cuenta
el último sueño
y, si la muerte
le alcanzó cuando dormía,
suspiramos aliviados,
como si la vida no fuera más
que el tiempo que nos creemos despiertos,
los saltos brillantes bajo el sol
que da el pez fuera del agua,
como si allí dentro no hubiera lugares, personas,
paisajes que echar de menos
por el simple hecho
de que hacia fuera no los recordemos.
Cualquiera diría que creemos
que morir es despertar otra vez de un sueño
y comprender que todo esto,
incluso las estrellas de verano
bajo las que no nos importa ser mortales,

había sido otro sueño.
Rezamos a los muertos para que recuerden
sus sueños cuando hayan despertado.

Ayer fui a ver tu tumba
hablé contigo en voz alta
te conté mis problemas
unas velas rojas titilaban cerca
alguien quemaba arbustos
el humo limpiaba el aire
y caía la noche.
Hablé contigo en voz alta
como si siguieras estando sordo
y tratara de despertarte.
Callé al poco, me quedé observando la lápida
que en silencio iba cubriendo el cielo.

GORRIONES

Hemos avanzado mientras dormíamos
en el sistema solar
en la constelación
en la galaxia.
Hemos caído más adentro
y cuando despertamos
seguimos aquí:
en mitad del sueño.

Nos bañamos en la vida
como los gorriones en la ceniza fría
de una gran hoguera.

HACIA ATRÁS

Así que era niño y estaba a tu lado,
es probable que nos riéramos
y, por supuesto, jamás hablábamos del otoño
hasta que era otoño.

Todavía no sé cómo llevarte conmigo.
Ideas, gestos, movimientos,
incluso mi tos es la tuya,
y grito que no quiero ser poseído
—era feliz tratando de demostrar mi valía—,
o de pronto me colma el agua templada
una caricia por dentro
el brillo de diamante de una gota de rocío
y no sé si te lo debo a ti
o eres tú quien lo está viviendo en mí.

Y beso tu letra cuando la encuentro
en los márgenes de un libro
como si cogiera entre las manos
un pájaro que la tormenta ha tirado del nido.

—¿Comprendes? La única vez que vi un pájaro así
estabas a mi lado y tú me lo diste
y lo acaricié con un dedo
y sentí su pequeño corazón acelerado
en la palma de mi mano—.

Tal vez,
tal vez entonces
hayas vuelto a atravesar, hacia atrás,
todas las puertas, los umbrales, las cortinas pesadas,
todos los cielos reflejados en la superficie del río donde
    aprendiste a nadar,
los abanicos de ramas de avellano y la falda de tu madre
hasta llegar a aquella primera puerta
por la que entraste en la luz.
Tal vez llegar aquí fue siempre irte.

SE LEVANTA EL TELÓN

La hierba está tan crecida y verde
tan fresca como las moras a la sombra
un día de verano
puedo sentir sus mil lenguas en mi espalda
el mundo todo es sol
el vacío está tras mis párpados
detrás de ese telón iluminado desde dentro
donde aguarda un nuevo actor
que quiere salir a escena.

Subrayo todo el rato
frases que tú subrayaste antes.

UN PETIRROJO

Un petirrojo de patas largas como letras primitivas
se posa en la mesa, se sacude el agua que perla
su pequeño cuerpo
y sale volando.

Deja sobre la madera gastada
un rastro oscuro de gotas.

EL DESCANSO

En su desconocimiento de mi existencia,
en su luz, que alumbrará mi cadáver
como hoy alumbra esta libreta,
en su discurrir interminable,
en sus nidos de las cornisas
y de las ramas podridas,
en una piedra cálida donde sentarme,
testigo muda de este parpadeo,
en los tejados que derriba, las casas que vacía,
en el árbol claro, en las gozosas estaciones,
en su total indiferencia hacia mí,
—mucho antes, gritaba y pataleaba—,
dónde,
dónde si no ahí encontraré consuelo,
el único descanso posible es el descanso
del que hemos nacido.

JAMÁS FANTASMAS

Regresamos a la primera noche,
nos precipitamos hacia aquella noche
que compartíamos con todos los seres,
donde el fuego era una respuesta
a las estrellas.
Caemos una vez más en la noche,
despertamos tras haber dormido varios días
y descubrimos que la vigilia era sólo
el sueño de la noche.

Jamás hubo fantasmas,
los fantasmas son recuerdos olvidados
que salen a la superficie de los días
que flotan en el agua de nuestra conciencia
panza arriba,
como los peces muertos.

EL GUIJARRO BLANCO

Una vez me corté el pie con una roca oculta en la arena
y el borde de la herida tenía el mismo color
que el horizonte en este mediodía ahíto de luz y lagartijas
y el toldo sobre nuestras cabezas tiene unos agujeros
para que el viento no lo confunda con un barco
que motean el suelo como si quisieran fijar este instante
en mi recuerdo con clavos de oro
y recuerdo unas cangrejeras de plástico transparente
    (algo rosado)
con las que jugaba en el río y en cuyas suelas
siempre se quedaba encajado algún pequeño guijarro
    blanco
que descubría al salir
como un regalo.

DOMINGO DE LUTO

Mi puerta está siempre abierta
pero sueles visitarme los domingos
y aunque no hay rencor en tu silencio
ni tu gesto es de enfado
y aunque siento en el mismo núcleo
del que crecen mis huesos
que el infinito en el que habitas
es humilde como todos los infinitos
no puedo evitar sentirme culpable
por dedicarte un día
en el que nada hacía.

LA PLUMITA

Un gorrión se posó en el muro
y vi cómo la brisa le arrancaba
una pequeña pluma blanca
que flotó junto a él
unos segundos en el aire,
ajenos el uno a la otra:
como si la plumita
fuera su alma.

CAMINO LENTO

Asisto embobado al espectáculo,
contemplo a mi razón dando manotazos en el aire
tratando de cazar la mariposa de mi tristeza.

Camino unos metros
detrás de mis propias ideas,
gordas, bien alimentadas, que nunca dudan,
como un viejo
campesino detrás de su ganado.

EXPLICARLE AL BOSQUE

Y tengo ganas de ir
y explicarle esto al bosque:
aunque ahora las obras duelan,
cuando la autopista por fin lo cruce,
nadie podrá detenerse dentro de él
y lo dejarán en paz,
fugazmente observado y salvaje,
durante al menos cien años.

LA POESÍA ES UN ÉXTASIS FRACASADO

La poesía es un éxtasis fracasado,
una bomba sin explotar.

El único dolor, el dolor de la vida,
ajeno al drama,
es el dolor de una vaca dando a luz al fondo del valle
un mugido desgarrado que el eco devuelve para nadie.

OLVIDO

Olvidamos a Dios como el niño adoptado que olvida a su
    padre
pero que una vez pasado el juego se asoma a los reflejos
y se pregunta de quién son esos gestos
de dónde vienen algunos gustos
qué rasgos qué furias son suyos
y cuántos del otro, del desconocido
cuántos ríos, valles, incluso mares
tuvo que cruzar hasta llegar a esa carne amnésica
de cuánto tiempo dispondrá hasta que vuelva
al seno y al silencio.
Olvidamos para poder vivir
y no es otra cosa la vida
que tratar de recordar.

Sospecho que lo sé, lo sospecho.

Este estúpido juego
de escupir al río
y creer que toda el agua es mía.

EL QUE ESTÁ ATENTO

Al no entender nada aquí
a veces alzamos la vista
y descansamos aplastados
hechos polvo bajo las estrellas
granos de trigo antiguo entre
las piedras de molino del cielo.

Ya está ya pasó
ya no soy
ya me he ido
y tú me lees
y soy en ti.

Recuerdo común
imagen grabada en la retina
del que siempre está atento
a lo largo del tiempo.

LOS RECUERDOS

Las nubes cargadas de lluvia lamen la tierra como una
   lengua gorda
y ocultan la iglesia cercana
cuyas campanas suenan y llegan a mí lentas como una
   anciana gorda
que no tuviera prisa, pues ya no tiene tiempo para nada.

Los recuerdos pasan hoy por mí
como la brisa entre las cuerdas de una guitarra.

EL TRONCO SECO

Desde la ventana de mi estudio
veo dentro del bosque
un árbol seco
al que le ha caído la corteza.

Brilla el tronco pelado
tan rojo entre tanto verde
que siento que me vigila
como la estatua de un dios anciano
que me pidiera que le recuerde su nombre.

Tu nombre, digo sin mover los labios,
tu nombre es el mío.

SU AMO

El perro duerme y se agita en sueños
tal vez cazando.
Si aprende sin darse cuenta,
si no es consciente de estar despierto
o de estar soñando, ¿qué aprende,
qué nos trae entre los dientes
de aquel lado donde pasa más de la mitad
de su vida?
Y, sobre todo,
¿quién es allí su amo?

EN CASA AJENA

En casa ajena las penas son menos penas
se quedan los fantasmas en la casa antigua
caminando por los largos pasillos
caminando desde su última tumba a la tumba
de la que nacieron—bautizamos con el nombre
de su lápida blanca—.
En casa nueva la soledad es querida
y ningún vecino molesta
la casa nueva está siempre lejos
pues no participamos
pues estamos aprendiendo
pues todo lo que es viejo se cree nuevo.
La casa nueva, cualquier casa, es una trampa
es una cáscara dentro de otra cáscara
somos nómadas bajo la rueda del firmamento
que ponen nombre a las estrellas para no tenerles miedo.

PÉTALOS

Los pétalos del rosal silvestre
caen por la noche
sobre las baldosas de terracota.
Cuando por la mañana los barro
han dejado su huella dactilar
y no hay quien la borre.

DE REPENTE LA LUNA

Deja de llover y salgo fuera.
De repente, la luna entre las nubes blancas,
que parecen humo saliendo
por el agujero de una chimenea.

LO ETERNO

La noche extiende su lona alquitranada.
Las luces del pueblo se encienden al otro lado del valle
y desde allí ven cómo se encienden las de este lado.
Los focos de un coche bajan dulcemente
por la carretera
y una neblina fresca y perfumada
hace suspirar
a cualquier persona buena.

No recordaré este día.

La casa en la que viviste
se deshace vacía aquí cerca.

Sé que el recuerdo
es el ruido que hace la piedra
que tiramos al pozo oscuro
para ver si tiene agua,
pero todavía no he decidido
si quiero que tanta belleza
se alimente de lo que creía eterno.

EL FRUTO SIEMPRE VERDE
(SEGUNDO)

Alguien nacerá mañana y será alguien,
muchos nacerán el lunes
y serán personas dueñas de tu mundo,
que te juzguen, que te odien,
que te lean, que alguien nacerá
mañana cuando ni ellos ni yo estemos.

Y la muerte recogerá un fruto verde
que les queme los dientes,
que les haga torcer el gesto.

DE NUEVO HA OCURRIDO

Me ha ocurrido de nuevo.
Caminaba distraído por el bosque,
por un bosque de castaños y robles,
ensimismado en mis pensamientos,
cuando de pronto escuché un grito,
un berrido que venía de todas direcciones.

El grito terminó enseguida,
y sólo el silencio que dejó tras de sí
demostraba que había existido.
Me reí de mi propio miedo:
habrá sido un ciervo en celo o un jabalí, me dije,
de hecho, si no hubiera ido tan distraído,
ni siquiera me habría asustado.
Pero el miedo estaba allí y
ya todo comenzaba a crujir
y las ramas del suelo se rompían
acercándose a mí. Nada
ni nadie venía, pero salí del bosque
casi corriendo
y regresé a casa algo avergonzado.

Ahora, por la noche, en la cama, no logro
recordar cómo era el grito
y pienso que tal vez lo terrible
fuera cste silencio
y me pregunto: de haber esperado,
qué fauno, qué dragón,
qué dios antiguo habría encontrado.

BAJO ESTE CIELO

Bajo este cielo dorado
—los ruidos cotidianos de platos en la mesa
que vienen de las ventanas abiertas
una canción en un idioma desconocido
la textura de la madera
la piedra
las paredes encaladas y
las baldosas de barro del suelo—
tengo que creer que las golondrinas,
que pasan rozando la superficie del valle
rebosante de tiempo transparente,
todavía fresco, gritan
de alegría,
que algo saben.

Y ERAS NIÑO

Cierro ahora los ojos
y pienso que bajo este sol
dentro de estos párpados
bajo esta sábana cálida
también estuviste tú
y eras niño
y el río murmuraba,
los cantos rodados de agosto
bajo tu cuerpo,
seguramente otros niños gritaban
cuando se lanzaban al agua fresca.

Y estás aquí
y eras joven
la brisa del océano
la vibración de gran barco
desde las plantas de tus pies hasta las estrellas.

Y estás aquí
y la muerte ha sido vencida porque sobre tu pecho
descansa la cabeza de la mujer que amas
como una piedra que impide
que el viento se lleve los papeles escritos.

Y estás aquí
y yo tan alto en tu regazo,
mi respiración que es la tuya,
apaciguado por el tiempo,

al borde de altos acantilados,
sobre la espalda de un titán,
bajo un árbol único,
con un libro abierto como un ángel
entre las manos.

Estás aquí
donde no estás enfermo.

Estás aquí dentro, bajo estos párpados
con nosotros
donde por siempre no será nada importante.

Estás aquí dentro
detrás de este telón
dentro de esta casa
donde un puchero al fuego
y un perro que duerme,
bajo este sol de octubre
que es bueno para los vivos
y para los muertos
porque no tiene otra ambición
que ser sol.

Estás aquí
y yo estoy allí
mi mano dentro de tu mano.

AHORA QUE ESTAMOS SOLOS

Ahora que estamos solos y hablamos, ahora
que nadie puede opinar
y he entrado en tu habitación mientras escribías
quiero confesarte que a veces
encuentro tu letra en los márgenes de algunos libros
    hermosos
y los cierro de un portazo
que a veces veo tus huellas en el barro del camino
y entonces me desvío y salgo del sendero
molesto porque nada mío sea mío.

Comprendo que
si los objetos pudieran hablar
se pondrían a gritar
comprendo que
todo aquel miedo de la juventud
era en realidad deseo de que el teatro
se derrumbara antes de comenzar.

AL FINAL

Quedará entero quien se sepa partido.
Ganará quien deje de luchar.
Al final, el que flota,
el que se mece.

Al final, el final interrumpirá
nuestros juegos,
dulcemente,
como la voz de nuestras madres
llamándonos al oscurecer
para que vayamos a cenar.

LA POESÍA

La poesía:
coger un carbón
de la chimenea apagada y dibujar con él
lo que recuerdas
del fuego
antes de que se te olvide.

GRACIAS
(PRIMERO)

Gracias por el dibujo preciso
de la sombra de una silla de mimbre
en el suelo de cemento blanco
bajo este sol de otoño
por el dibujo de niño aplicado
con un lápiz nuevo
sobre el suelo de cemento blanco
y caen las hojas de una en una
dándose importancia como alguien
que empuja entre la multitud que aguarda
y brillan los insectos que nacen de la tierra húmeda
bajo el sol oblicuo del Día de Difuntos
parecen ascuas de un fuego transparente
esto que llamo memoria
aquello que ha pasado
y este instante que tal vez recuerde
no son más que las huellas de la rana
saltando camino de su oscura charca.

IDIOMA

Extiendo el dedo índice
entre el paisaje y mis ojos.
Miro el paisaje: un hórreo,
algunas casas que parecen de juguete,
prados, los trazos marrones del arado,
la espuma de los bosques
que reconquistan el monte abandonado.

Después miro mi dedo:
escucho el sonido suave
de mi vida humana rodando.
Las estrellas han de sonar parecido.

Pienso que no quiero aprender un idioma
que sólo pueda hablar yo.

EL VUELO

El petirrojo se deja caer desde el alero
y un segundo antes de estrellarse contra el suelo
recuerda que sabe volar
y alza el vuelo.

A lo mejor nos pasa así.

Así, justo cuando olvidamos el miedo,
antes de posarnos
en otro nombre
y creerlo nuestro.

SEMILLAS

Un pájaro blanco diminuto se posa
sobre un diente de león.
Es tan ligero que el tallo no tiembla.
Tan sólo cuando se va,
dos o tres semillas blancas,
en el aire.

LA POESÍA AL FINAL

Al final, la poesía es
lo que encuentro bajo mis pies
cuando estaba seguro
de que, esta vez sí,
me iba a caer.

NIEVA

Estoy sentado junto a la chimenea.
La luz blanca entra por la pequeña ventana.
El gorrión escribe
en el patio blanco.

Siempre es la primera vez.

Nunca recuerdo la nieve
hasta que vuelvo a verla.
Igual que la página en blanco,
como el dolor cuando ha pasado.

GRACIAS
(SEGUNDO)

En una calle estrecha
me cruzo con un coche fúnebre
y aparto la vista,
pero la tarde
es azul y limpia y el coche
va dejando tras de sí el aroma
de todas las flores que lo cubren
y me giro y lo miro agradecido.

REGRESO

Encuentro junto a las macetas del muro
la taza azul que Raquel lleva días buscando.
De repente, la brisa acaricia el pelaje de la arboleda
y trae a mis pies la voz de la hija pequeña de los vecinos,
que canturrea una canción en un idioma inventado.

Los avellanos se estremecen,
los perros del pueblo ladran.

Y ya está aquí la certeza de haber regresado,
cuando no sabía que me hubiera ido.

EL FRUTO SIEMPRE VERDE
(TERCERO)

Y la muerte recogerá un fruto verde.
Caerá el fruto al suelo,
golpeará el prado como un tambor.
Rebotará el fruto contra el prado verde
y se alzará un instante hacia el cielo.
Creerá la muerte que volamos.
Recogerá la muerte un fruto amargo,
un fruto siempre verde.
El fruto no le cabrá en la mano.

ESTA EDICIÓN, PRIMERA,
DE «EL FRUTO SIEMPRE VERDE», DE
MANUEL ASTUR, SE TERMINÓ DE
IMPRIMIR EN CAPELLADES EN
EL MES DE NOVIEMBRE
DEL AÑO
2024

Colección El Acantilado
Últimos títulos